만화로 보는
약사의 세계

디지털 스티커 무료 다운로드.
태블릿 등에서 사용할 수 있는 귀여운 디지털 스티커입니다.

만화로 보는 약사의 세계

초판 1쇄 발행 2024년 6월 21일

지은이 조승아

펴낸이 조기흠
총괄 이수동 / **책임편집** 김혜성 / **기획편집** 박의성, 최진, 유지윤, 이지은, 박소현
마케팅 박태규, 홍태형, 임은희, 김예인, 김선영 / **제작** 박성우, 김정우
디자인 채홍디자인

펴낸곳 한빛비즈(주) / **주소** 서울시 서대문구 연희로2길 62 4층
전화 02 – 325 – 5506 / **팩스** 02 – 326 – 1566
등록 2008년 1월 14일 제 25100 – 2017 – 000062호

ISBN 979-11-5784-749-5 03510

이 책에 대한 의견이나 오탈자 및 잘못된 내용은 출판사 홈페이지나 아래 이메일로 알려주십시오.
파본은 구매처에서 교환하실 수 있습니다. 책값은 뒤표지에 표시되어 있습니다.

⌂ hanbitbiz.com ✉ hanbitbiz@hanbit.co.kr ￡ facebook.com/hanbitbiz
Ⓝ post.naver.com/hanbit_biz ▶ youtube.com/한빛비즈 ⓘ instagram.com/hanbitbiz

Published by Hanbit Biz, Inc. Printed in Korea
Copyright © 2024 조승아 & Hanbit Biz, Inc.
이 책의 저작권은 조승아와 한빛비즈(주)에 있습니다.
저작권법에 의해 보호를 받는 저작물이므로 무단 복제 및 무단 전재를 금합니다.

지금 하지 않으면 할 수 없는 일이 있습니다.
책으로 펴내고 싶은 아이디어나 원고를 메일(**hanbitbiz@hanbit.co.kr**)로 보내주세요.
한빛비즈는 여러분의 소중한 경험과 지식을 기다리고 있습니다.

만화로 보는
약사의 세계

글·그림 조승아

한빛비즈
Hanbit Biz, Inc

차례

프롤로그 • 6

1장 약사라는 직업

01 왜 약국 약사가 되었나요? • 14
02 약사의 장점 • 22
03 약사의 단점 • 30
04 약국 약사가 하는 일 • 36
05 신입 약사를 위한 안내서 • 45

2장 약사가 되는 길

06 약대에서 배우는 학문 • 54
07 우리 학교 노력 천재들 • 72
08 제약회사 의학부 • 81
09 병원 약사 • 94
10 병원 없이 약국하기 • 109
11 로펌 변호사가 된 약사 • 124

3장 찐 약사의 삶

12	약사를 행복하게 만드는 법 • 140
13	복약지도할 때는 정신줄 잡기 • 145
14	약 이름 스무고개 • 150
15	과산화수소에 트라우마가 생긴 썰 • 157
16	약사, 아파봐야 안다 • 164
17	덕질과 약사의 상관관계 • 169
18	약사, 왜 공부해? • 176
19	약사가 세월을 느끼는 방법 • 181
20	약사와 영양제 • 186
21	약국 진상일지 ① • 196
22	약국 진상일지 ② • 208
23	약국의 훈훈한 이야기 • 213

에필로그 • 223
부록 Q&A • 231

프롤로그

*만신 : 만화의 신.

1장
약사라는 직업

왜 약국 약사가 되었나요?

Q. 만약 그분의 격려 말씀이 없었다면, 뭘하고 있었을 것 같아요?

......

음..

두등..

.....허키코모리
.....?!?

(농담이고, 아마 병원쪽으로 갔을것같아요)

약사의 장점

약사의 단점

약국 약사가 하는 일

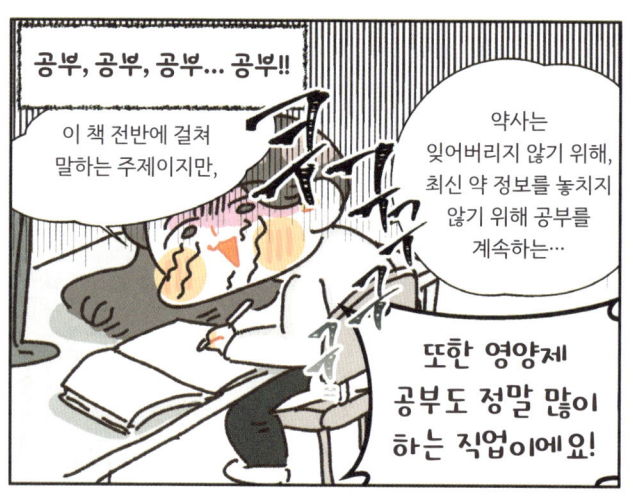

신입 약사를 위한 안내서

인스타에 올렸던 만화입니다.

* **라포르** : 두 사람 사이의 공감적인 인간관계 또는 그 친밀도.
* **매약** : 일반 약과 영양제 판매.

2장
약사가 되는 길

약대에서 배우는 학문

* 대사 : 몸 안에서 분해하고, 합성하여 생명 활동에 쓰는 물질이나 에너지를 생성하고 필요 없는 물질은 내보내는 작용.

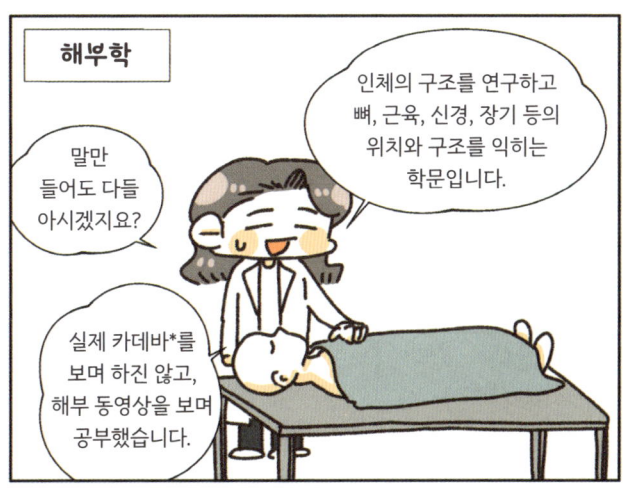

* 카데바 : 해부용 시신.

* **밸리데이션** : 의약품의 품질, 안정성, 유효성에 영향을 미칠 수 있는 모든 요소를 객관적으로 확인하고 품질 규격에 맞는 제품이 일관되게 제조되는지 확인하는 작업.

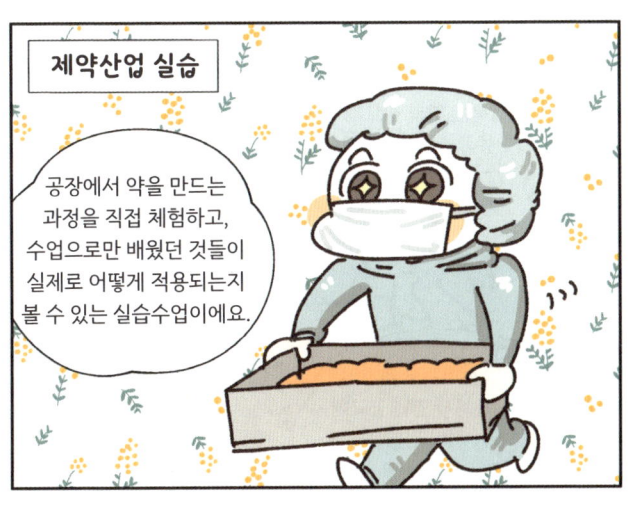

우리 학교 노력 천재들

제약회사 의학부

병원 약사

* **NST** : 영양집중지원팀(Nutrition Support Team). 영양결핍환자에게 적절한 영양공급을 시행하고 효율적으로 관리해 환자의 영양상태를 호전시키고 합병증 감소를 목표로 하는 팀.

* **처방중재** : 처방전을 검토해 약의 종류, 약물 용량 등 부적절한 처방이 있는지 확인하고 투약 전에 발생할 수 있는 오류를 찾아내어 이를 처방을 낸 의사에게 보고하는 일.

병원 없이 약국하기

*대증요법 : 병의 원인을 찾아 없애기 곤란한 상황에서, 겉으로 나타난 병의 증상에 대응하여 처치하는 치료법.

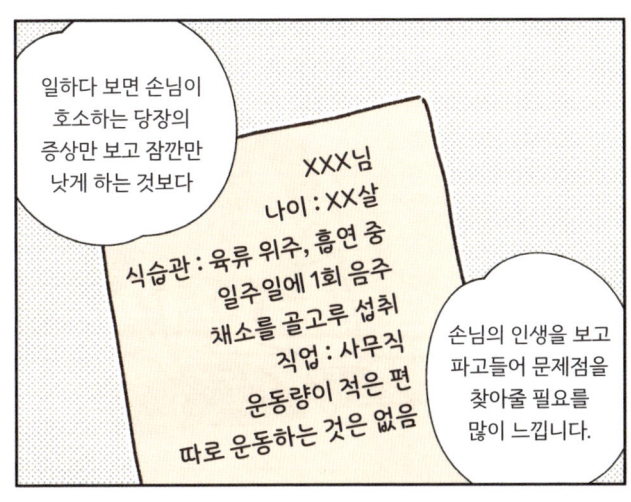

로펌 변호사가 된 약사

* **약가** : 약의 가격.

* **GMP** : 제조품질관리기준(Good Manufacturing Practice). 의약품 제조업자가 의약품의 안정성과 유효성을 품질 면에서 보증하기 위해 제조 전 과정에서 지켜야 할 사항.

3장
찐 약사의 삶

약사를 행복하게 만드는 법

복약지도할 때는 정신줄 잡기

약 이름 스무고개

과산화수소에 트라우마가 생긴 썰

예전에 약국에서 겪었던 이야기.

과산화수소 한 통 주세요.

그때는 상상도 하지 못했다.

어디에 쓰려고 사시는 거예요?

과산화수소를 상처 소독에는 되도록 쓰지 않는 것이 좋으므로 대수롭지 않게 물어본 질문에…

언제나 '절대'라는 건 없고, 내가 잘못 알고 있을 수 있다는 걸 명심하고 살지만, "이건 진짜 아닌 것 같은데???" 인 상황이 오는 것 같아요.

약사, 아파봐야 안다

덕질과 약사의 상관관계

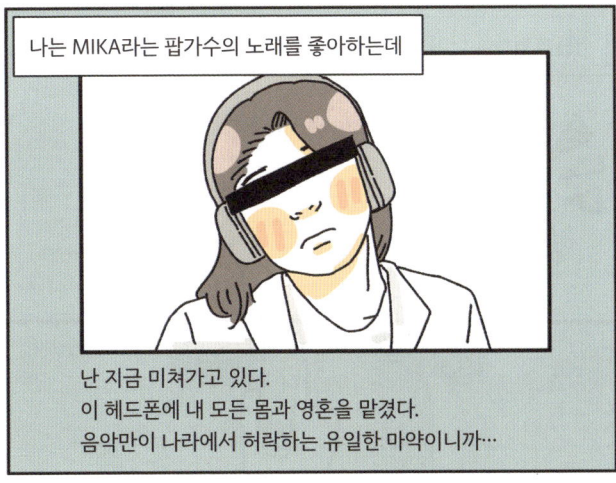

나는 MIKA라는 팝가수의 노래를 좋아하는데

난 지금 미쳐가고 있다.
이 헤드폰에 내 모든 몸과 영혼을 맡겼다.
음악만이 나라에서 허락하는 유일한 마약이니까…

평소처럼 노래를 듣던 어느 날,

약사, 왜 공부해?

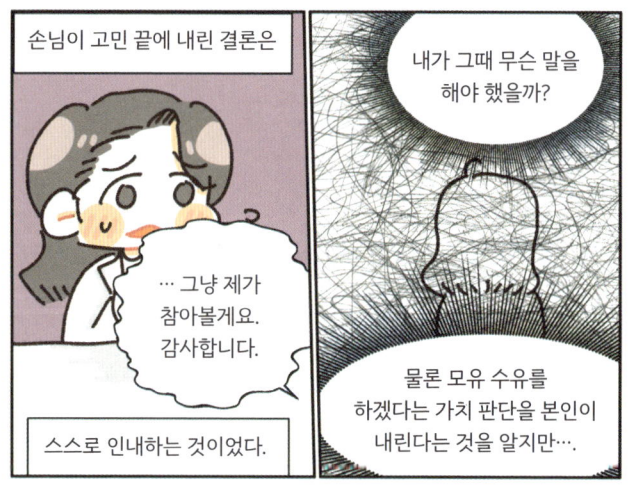

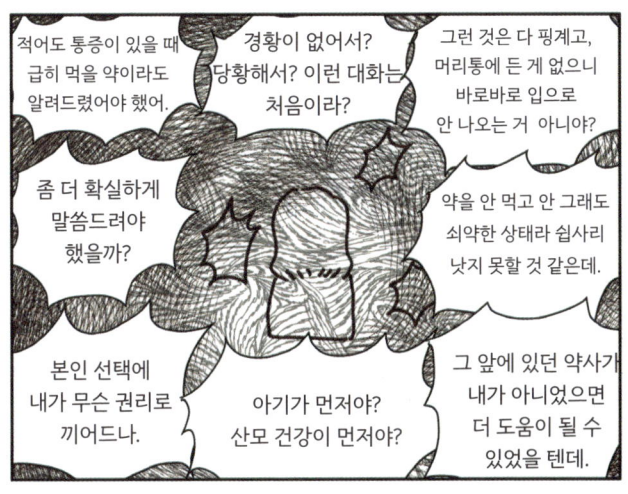

약사가 세월을 느끼는 방법

약사와 영양제

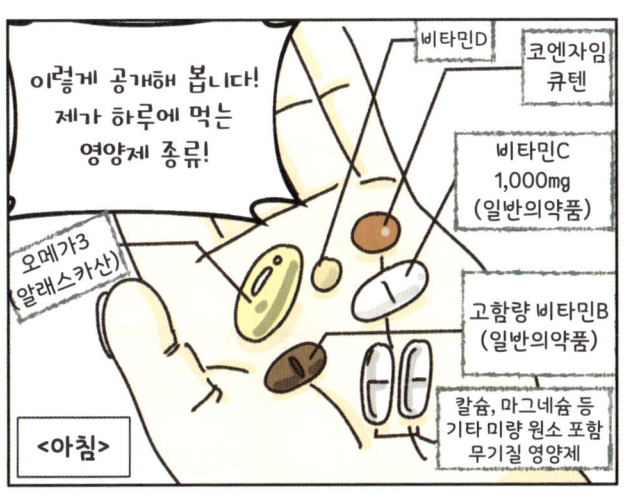
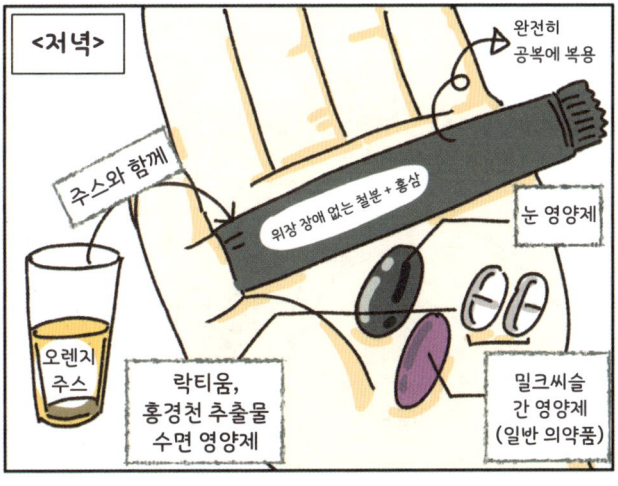

약국 진상일지 ①

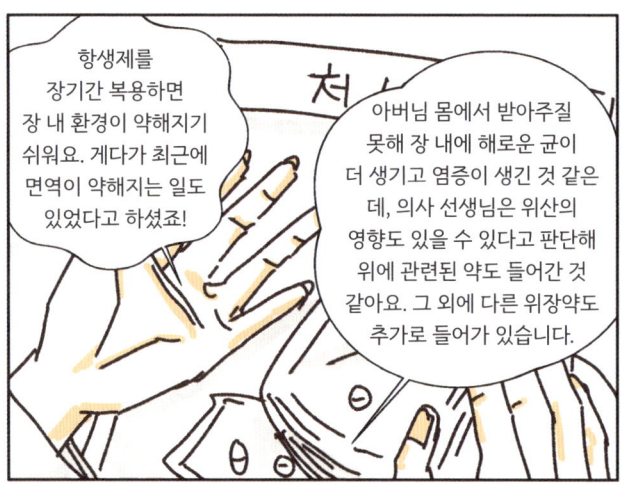

약국 진상일지 ②

약국의 훈훈한 이야기

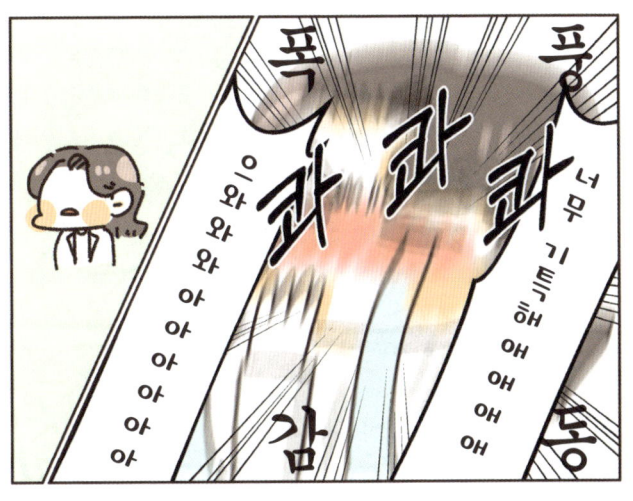

2. 내 심장에 탕탕탕 저격하는 아가들

에필로그

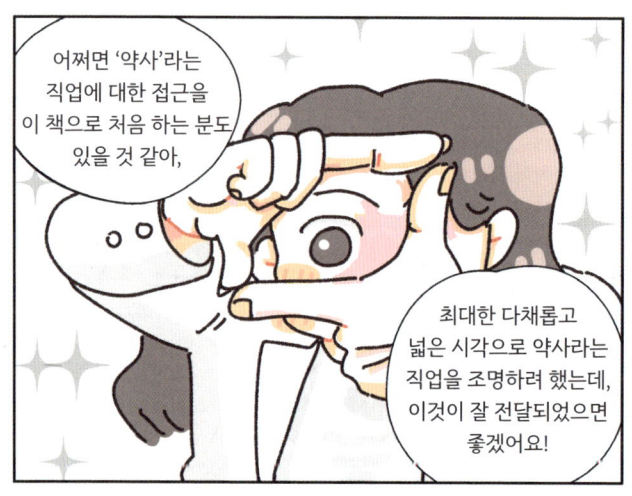

[부록 Q&A]

1. 약사의 연봉은 어느 정도인가요?

본문에서 언급했던 바와 같이, 다른 직업들보다 근무 형태가 정말 다양하고 사람마다 달라서 일률적으로 "얼마다!"라고 말하기 어려운 부분이 있습니다. 다만 약국 약사로서 초반에 정해지는 월급이, 경력이 더 늘어난다고 오르거나 하지 않는다는 점, 그리고 지방으로 내려갈수록 급여가 서울보다 더 많다는 점은 일반적인 특징인 것 같아요.

2. 약사가 되려면 어떻게 해야 하나요?

가장 필수적으로 약학대학에 진학해야 합니다. 몇 년 전까지만 해도 일반 대학에 진학한 후, 자격요건을 맞춘 다음에 PEET라는 시험을 보고 편입해야 했지만 이제는 약대가 6년제로 개편되고 수능을 통해 진학하게 되었다고 합니다. 아직 편입이 일부 남아 있다고 하지만, 현재는 수능을 통해 진학하는 것이 일반적인 경로예요. 전문직이라는 장점 때문인지, 다른 대학교나 회사에 다니다가 다시 수능에 도전해서 진학을 시도하는 분들도 매우 많습니다. 약학대학에서 열심히 수업을 들으며 약에 대한 전문가가 되는 과정을 충실히 따른 후, 약사고시를 보고 이에 합격하면 약사 면허를 받을 수 있게 됩니다! (참고로 약사고시가 점점 어려워진다는 소문이 있습니다. 공부 열심히 해야 합니다!)

3. 약사가 아니더라도 약과 관련된 일에는 어떤 일이 있나요?

관심을 가지는 분야를 얼마나 더 파고드는지, 그리고 각자의 적성이 어떤 분야가 맞는지에 따라 본인이 새로운 일을 찾아가는 경우가 많습니다. 변리사 시험을 보고 변리사가 되기도 하고 로스쿨에 진학해 제약 전문 변호사로 활동하기도 하죠. 또는 공직으로 진출하여 식약처에 근무하기도 하고, 제약회사에서 연구 개발을 하기도 하고요. 선후배님 중에는 건강기능식품 회사를 세우기도 하고, 연구를 지속하면서 교수가 된 후 바이오 벤처사업을 꾸리는 경우도 있답니다. 만화로도 몇 가지 사례를 소개했지만, 세상에는 더 많은 길을 개척하고 나아가는 수많은 약사님이 계십니다.

4. 약사의 꿈을 갖고 있는 아이를 위해서 어떤 격려가 필요할까요?

성적 커트라인이 매우 높기 때문에 열심히 공부하는 것이 제일 중요합니다. 그 외에도 약사에 대한 정보를 얻거나, 가능하시다면 믿을 만한 근처의 약사님께 간단한 인터뷰(?)를 요청하고 대화를 나눠보는 것도 좋은 동기부여가 될 것 같아요. 보통은 약사의 일에 만족하고, 자부심을 느끼는 경우가 대부분이라, 약사라는 꿈에 도움이 되는 이야기를 많이 해주실 것 같습니다.

5. 약에 관한 정확한 정보는 어떻게 얻어야 할까요?

약사 또한 끊임없이 최신 논문을 찾아보고, 공부하고, 약에 대한 데이터베이스를 구축한 사이트에서 계속 새로운 정보를 확인하고 있습니다. 여러분께는 가까운 믿을 만한 약국에서 상담하는 것을 추천해 드립니다. 만약 약의 정보를 빠르고 정확하게 얻고 싶다면 약학정보원 사이트를 추천할게요. 그 외에도 블로그나 SNS 글을 보고 약의 정보를 알아가는 분도 많은데요. 이러한 글들은 전문가가 아닌 분들이 본인의 경험을 기반으로 정보를 올리거나 단순히 약 설명서를 복사해서 올리는 경우도 많으므로, 약사나 의사 등 전문가가 운영하는 블로그를 참고하시는 게 더 좋습니다.

6. 일과 개인의 삶의 균형을 잘 잡고 있나요?

저는 현재 약국을 운영하고 있는데요. 약국을 경영하기 시작하니 일과 삶의 균형을 잘 조율하기가 어려워, 삶의 질이 어느 정도 떨어지긴 하더군요. 다만 약국이 자리를 잘 잡기 시작하면 점점 괜찮아질 부분이라고 생각합니다. 그리고 약국을 운영하는 사람의 성격도 한몫하는 것 같아요. 내가 모든 부분을 잘 조율하고 보고 있어야 안심이 되는 성격이라면 조금 더 피곤하게 운영하게 되고, 어느 정도 내려놓을 것은 내려놓고 알아서 돌아가게 지켜보는 성격이면 편하게 운영할 수 있어요. 경영을 하지 않고 근무약사로 계속 일하게 된다면 일과 삶은 확실히 경계를 가질 수 있어서 삶의 질은 더 좋은 편입니다(근무약사 시절이 그리운 약국장의 한탄입니다(?)).

7. 다른 직업을 꿈꿔 보신 적도 있나요?

저는 죽기 전에 어떤 작품을 남기는 것이 삶의 목표예요. 어떤 형태로든 무언가를 남기고 싶어서, 한때는 앱이나 게임 개발을 하려고 프로그래밍도 공부해 보고(다만 적성이 너무 안 맞아서 관뒀습니다), 만화도 꾸준히 그려보고, 한때는 '내가 평생 약사를 하고 살수 있을까?'라는 회의감이 들어 로스쿨을 알아보고 했지만… 결국 이렇게 만화책을 내게 되었네요. 무언가 하나는 이룬 느낌이 듭니다. 그러나 죽기 전에 무언가를 더 이루고 싶은 마음은 아직도 변함이 없어요. 삶은 몇십 년 더 남아있으므로 '무엇을 더 할 수 있을까?'라는 고민을 꾸준히 하게 되네요.

8. 약사를 찾아오는 고객들에게 하고 싶은 말이 있을까요?

손님의 약은 하나하나 생각보다 긴 시간이 걸린다는 점을 꼭 말씀드리고 싶습니다! 뒤에 온 손님에게 약을 먼저 드리는 게 그러고 싶어서 그러는 게 아닙니다. 그리고 약국에서 취급하는 영양제의 가치를 좀 더 알아줬으면 좋겠습니다. 직구해서, 그냥 인터넷으로 추천해 주니까, 이게 좋다고 하니까, 그냥 드시는 분들이 계시는데, 본인이 먹는 약들과 영양제들이 서로 상충하진 않는지, 그리고 영양제를 좋은 원료로 올바르게 만든 것인지 잘 확인하기 위해서는 조금 더 약국을 신뢰하고 많이 상담해 주셨으면 좋겠습니다. 생각보다 올바르지 않게 드시는 분이 많아서 이런 말씀을 드리고 싶습니다!